Impressum
Verlag: BABADADA GmbH, Nedderfeld 112 , 22529 Hamburg
Geschäftsführer / Verlagsleitung: Harald Hof
Druck: Books on Demand GmbH, In de Tarpen 42, 22848 Norderstedt

Imprint
Publisher: BABADADA GmbH, Nedderfeld 112 , 22529 Hamburg, Germany
Managing Director / Publishing direction: Harald Hof
Print: Books on Demand GmbH, In de Tarpen 42, 22848 Norderstedt, Germany

ትምህርት ቤት

sukuu

መማሪያ ክፍል
sukuudanmu
ማካፈል
kyemu
ሰሌዳ
twerɛ pono
የትምህርት ቤት ቅጥር ግቢ
sukuu mu
መምህር
kyerɛkyerɛni
ወረቀት
krataa
መፃፍ
twerɛ
እስክሪብቶ
pɛn
ማፃፊያ ጠረጴዛ
ɛpono a yɛyɛ so adwuma
ማስመሪያ
rula
መጽሐፍ
nwoma
ተማሪ
sukuuni

የጀርባ ቦርሳ

baage

የእርሳስ መያዣ

twerɛdua konko

እርሳስ

twerɛdua

የእርሳስ መቅረጫ

deɛ yɛde sensen twerɛdua ano

ላጲስ

rɔba

የስዕል ደብተር

krataa a yɛdwi adeguso

2 ትምህርት ቤት - sukuu

ስዕል
....
adedwie

የቀለም ብሩሽ
....
penti brɔhye

የቀለም ሳጥን
....
penti adaka

መቀስ
....
apasoɔ

ጣበቂያ
....
aman

መልመጃ ደብተር
....
nwoma a yɛyɛ mu adwuma

የቤት ስራ
....
efie adwuma

12

ቁጥር
....
nɔma

2+2

መደመር
....
kabom

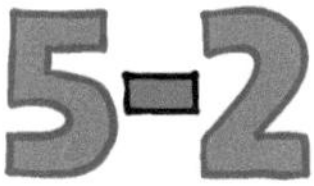

5-2

መቀነስ
....
te fri mu

2×2

ባዛት
....
mmɔho

ቁጥሮችን ስላት
....
sese

A

ደብዳቤ
....
lɛtɛ

ABCDEFG
HIJKLMN
OPQRSTU
VWXYZ

ፊደላት
....
ntwerɛeɛ

hello

ቃል
....
asɛmfua

ፅሑፍ

ntwerɛdeɛ

ማንበብ

kenkan

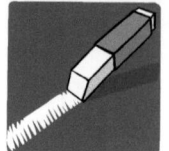

ጠመኔ

kyɔk

ትምህርት

adesua

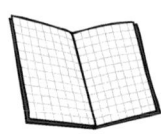

ምዝገባ

twerɛ wo din

ፈተና

nsɔhwɛ

ሰርተፊኬት

abodinkrataa

የትምህርት ቤት የደንብ ልብስ

sukuu ataadeɛ

ትምህርት

adesua

አዉደ ጥበብ

nyansa nwoma

ዩኒቨርስቲ

suapɔn

የምርምር አጉሊ መሳርያ

maakroskop

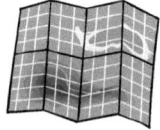

ካርታ

map

የቆሻሻ ወረቀት መጣያ ቅርጫት

kɛntɛn a yɛde krataa nwura gu mu

ሆቴል
ahɔhogyebea

Grand

ማረፊያ ቤት
hostɛl

ROOMS

የዉጭ ገንዘብ ምንዛሪ ቢሮ
baabi a yɛ sesa sika

ↄCHANGE

ልብስ መያዣ ሻንጣ
potomanto

መኪና
kaa

ቋንቋ
kasa

አዎ/ አይደለም
aane / dabi

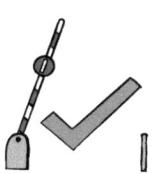

እሺ
Yoo

ሰላም
hɛlo

አስተርጓሚ
kasa asekyerɛfoɔ

አመሰግናለሁ
Medaase

ስንት ነዉ.......?

...boɔ yɛ sɛn?

አልገባኝም

Me nte aseɛ

እክል

ɔhaw

እንደምን አመሹ!

Maadwo!

እንደምን አደሩ!

Maakye!

መልካም ምሽት!

Dayie!

ደህና ይሰንብቱ

baibai o

አቅጣጫ

akwankyerɛ

ሻንጣ

wo nneɛma

ቦርሳ

bɔtɔ

የጀርባ ቦርሳ

akyirebɔtɔ

እንግዳ

ɔhohoɔ

ክፍል

danmu

የመተኛ ቦርሳ

bɔtɔ a yɛda mu

ድንኳን

ntomadan

የጎብኚዎች መረጃ

nsɛm dema wɔn a wɔkɔ nsrahwɛ

የባህር ዳርቻ

mpoano

ክሬዲት ካርድ

kaade a yɛde yi sika

ቁርስ

anɔpa aduane

ምሳ

awua aduane

እራት

anwumerɛ aduane

ቲኬት

tiket

አሳንሰር

pegya

ማህተም

stamp

ድንበር

ɛhyeɛ so

ባህሎች

kutɔmfoɔ

ኤምባሲ

embasi

ቪዛ/የይለፍ ወረቀት

visa

ፓስፖርት

passpɔt

መጓጓዣ

akɔneabadie

አዉሮፕላን
ewiemhyɛn
መርከብ
suhyɛn
የእሳት አደጋ መኪና
afidie no so engine
አዉቶብስ
bɔs
የጭነት መኪና
lɔre
maa a moto bɔ ho
ብስክሌት
sakre
መኪና
kaa

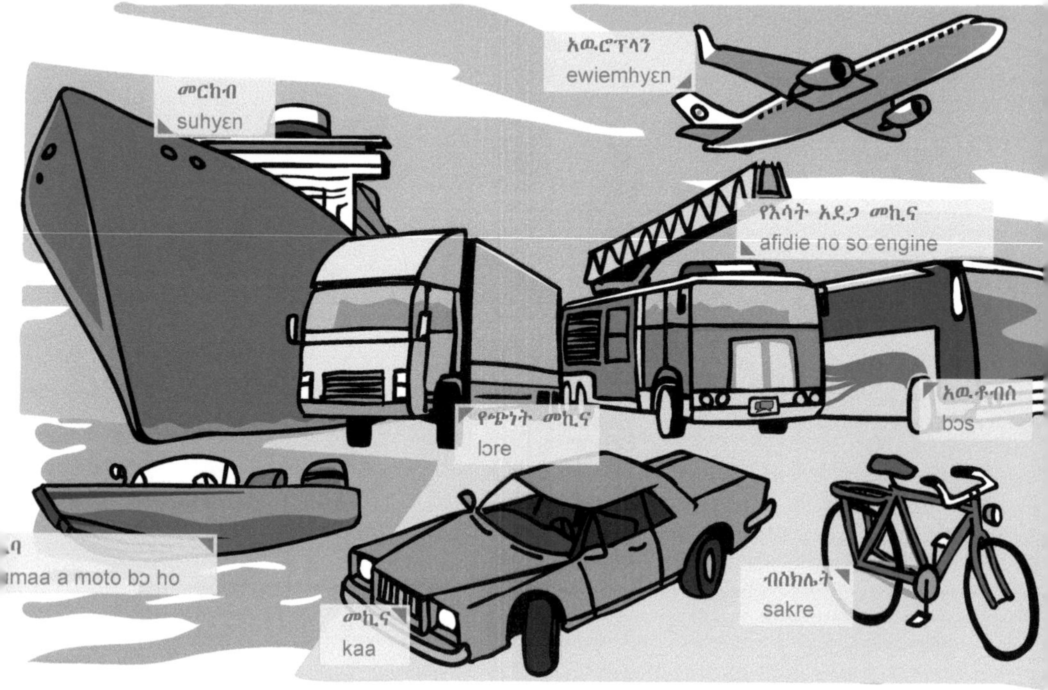

የማመላለሻ ጀልባ

hyɛma

ጀልባ

suhyɛn kumaa

የሞተር ብስክሌት

motosakre

የፖሊስ መኪና

polisifoɔ kaa

የዉድድር መኪና

kaa a ɛkɔ mirika akansie

የኪራይ መኪና

kaa a yɛde ma ahan

የመኪና መጋራት

wɔre kyɛ kaa

ጎታች መኪና

lɔre a asɛeɛ

የቆሻሻ ጭነት መኪና

bɔɔla kaa

ተር

moto

ነዳጅ

pɛtro

የቤንዚን ማደያ

baabi a yɛbu pɛtro

የመንገድ ምልክት

trafik ahyɛnsodeɛ

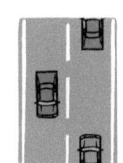

የመኪ ች እንቅስቃሴ

trafik

የመኪና መጨናነቅ

trafik akye

የመኪና ማቆሚያ

baabi a yɛde kaa esi

የባቡር ጣቢያ

keteke gyinabea

የባቡር ሀዲዶች

keteke kwan

ባቡር

keteke

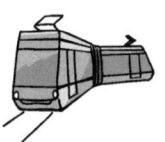

የኤሌክትሪክ ባቡር

tram

ሰረገላ

ponkɔ kaa

ሄሊኮፕተር

helikopta

አየር ማረፊያ

ewiemhyɛnbea

ማማ

abansoro

መንገደኛ

apasingyani

ማስቀመጫ፣ ማጠራቀሚያ

tontowa

ካርቶን እቃ ማሸጊያ

adaka

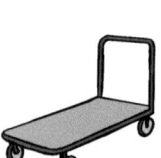

ጋሪ፣ ተሳቢ

kaate

ቅርጫት

kɛntɛn

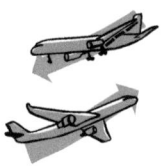

መነሳት/ ማረፍ

atu / asi fam

ከተማ

kuro kɛseɛ

መንደር

akurase

የከተማ ማዕከል

kuro dwaberɛ mu

ቤት

efie

CINEMA
ሲኒማ
sinidanmu
ማስታወቂያ
dawurobɔ
የመንገድ ዳር መብራት
ɛkwan so kanea
መንገድ
ɛkwan
ታክሲ
taisi
እግረኛ
nnipa
የቁርስ መቆያ ሱቅ
kiosk
ድንጋይ የተነጠፈበት የእግረኛ መንገድ
kaakwan ho
የእግረኛ መሻገሪያ
baabi a yɛtwa kwan mu
ገጠራቀሚያ
yɛnsen wɔ mmɔntenso
ማቋረጫ
ntwamu
የትራፊክ መብራቶች
trafik kanea

ጎጆ

apata

አፓርታማ

efie

የባቡር ጣቢያ

keteke gyinabea

የከተማ አዳራሽ

adwaberɛm

ቤተ መዘክር

bea a yɛ kora tete nneɛma

ትምህርት ቤት

sukuu

ዩኒቨርስቲ
suapɔn

ባንክ
sikakrobea

ሆስፒታል
ayaresabea

ሆቴል
ahɔhogyebea

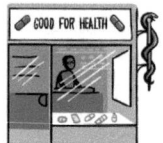

መድሐኒት ቤት
famasi

ቢሮ
asoeɛ

መፅሐፍ መሸጫ
sotɔɔ a wɔtɔn nwoma

ሱቅ
sotɔɔ

የአበባ መሸጫ
baabi yɛtɔn nhwiren

የሸቀጣ ሸቀጥ መደብር
sotɔɔpɔn

ገበያ ስፍራ
edwam

መደብር
sotɔɔ kɛseɛ

የዓሳ ነጋዴ
baabi a yɛtɔn mpataa

የገበያ ማዕከል
dwadibea kɛseɛ

ወደብ
suhyɛn gyinabea

መናፈሻ ቦታ

baabi kaa gyina

አግዳሚ ወንበር

bɛnkye

ድልድይ

ɛtwene

ደረጃዎች

atwedeɛ

ዉስጥ ለዉስጥ

asaase ase

ዋሻ

ɛbɔn

የአዉቶቡስ ፌርማታ

baabi a bɔs gyina

ባር

nsanombea

ምግብ ቤት

adidibea

የፖስታ ሳጥን

lɛta adaka

የመንገድ ምልክት

ɛkwan so akwankyerɛ

የመኪና ማቆሚያ ሒሳብ የሚያሰላ
ማሽን
baabi kaa gyina ho mita

የደር እንስሳት ማቆያ

zoo

የመዋኛ ገንዳ

nsuo a yɛ dware mu

መስጊድ

nkramodan

እርሻ
....
afuo

የሚበክል ነገር
....
deɛ egu mmɔnten so fi

መቃብር ስፍራ
....
asieɛ

ቤተ ክርስቲያን
....
asɔre

መጫወቻ ሜዳ
....
agodibea

ቤተ መቅደስ
....
asɔre dan

መልከዓምድር

mmɔnten so asiesie

ቅጠል
ahaban

የመንገድ ላይ ምልክት
sanbɔd

በእግሩ የሚጓዝ
ɔnantefoɔ

መንገድ
kwan

አረንጓዴ መስክ
asaase a ɛsere wɔ so

ድንጋይ
boba

ዛፍ
dua

ወንዝ
asubɔnten

ሳር
ɛserɛ

አበባ
nhwiren

ሸለቆ

amenamu

ኮረብታ

bepɔ

ሀይቅ

tadeɛ

ጫካ

kwaeɛ

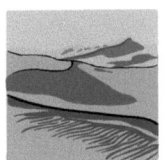

ረሃ

ɛserɛ so

እሳተ ገሞራ

egya a efri botan mu

ግምብ

abankɛseɛ

ቀስተ ዳመና

nyankontɔn

እንጉዳይ

emere

የቴምብር ዛፍ/ ዘንባባ

abɛtene

ቢንቢ/ የወባ ትንኝ

ntomntom

ራሪ

tu

ጉንዳን

ntɛtea

ንብ

wowa

ሸረሪት

ananse

ጢንዚዛ

amankuo

እንቁራሪት

apɔnkyerɛni

ሽኮኮ

opuro

ጃርት

apɛsɛ

ጥንቸል

adanko

ጉጉት ወፍ

patuo

ወፍ

anomaa

የዉሃ ዳክዬ

nsuo mu dabodabo

ከርከሮ

kɔkɔte

አጋዘን

adoa

አጋዘን

ɔtweenini

ግድብ

dam

በነፋስ የሚሽከረከር

wind turbine afidie

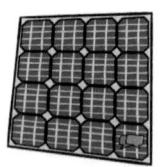

የፀሀይ ፓኔሎ

afidie a ɛkye awia

አየር ንብረት

wiem nsakraeɛ

አስተናጋጅ
ɔsom adidieɛ

ማዉጫ
aduane a ɛwɔ hɔ

ወንበር
akonwa

ሾርባ
nkwan

ፒዛ
pisa

የጠረጴዛ ጨርቅ
ntoma a ɛse pono so

መከተፊያ
ntere a yɛde didi

የምግብ ፍላጎትን የሚከፍት
···ምግብ···
mprampra anom

ዋና ምግብ
aduane no ankasa

ማጣጣሚያ ተከታይ ምግብ
mpa anom

መጠጦች
nsa

ምግብ
aduane

ጠርሙስ
toa

ፈጣን ምግብ
aduane hyewhyew

የመንገድ ምግብ
abɔnten so aduane

የሻይ ማንቆርቆሪያ
tii kukuo

የስኳር እቃ
asikyire konko

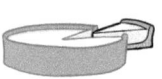

ድርሻ
wo kyɛfa

የቡና ማፊያ ማሽን
espresso afidie

ባለጌ ወንበር
akonwa tenten

የክፍያ ደረሰኝ
wo ka

ትሪ
apanpan

ቢላዋ
sekan

ሹካ
adinam

ማንኪያ
atere

የሻይ ማንኪያ
atere ketewa

ልብስ ምግብ እንዳይነካ የሚረዳ
ጨርቅ
napkin a yɛde pepa ano

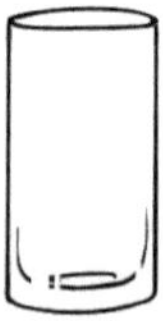

ብርጭቆ
glase

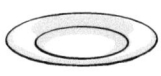

ዝርግ ሰሀን

prɛte

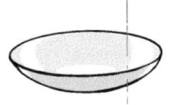

የሾርባ ጎድጓዳ ሰሀን

kwan kyɛnsee

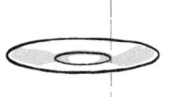

የስኒ ማስቀመጫ

prɛte ketewa

ማጣፈጫ ስጎ

abomu

የጨዉ እቃ

nkyene kukuo

የተፈጨ ቃሪያ

yɛde yam mako

ኮምጣጤ

fenega

የምግብ ዘይት

anwa

ቀመማ ቅመሞች

aduhwam

የቲማቲም ድልህ

kɛkyɔp

ሰናፍጭ

mustad

ማዮኒዝ

mayones

የሸቀጣ ሸቀጥ መደብር

sotɔɔpɔn

ልዩ አቅራቦት
ntesoɔ soronko
ደምበኛ
adetɔfoɔ
የወተት ተዋፅዖ
nanatwie nufusuo
ፍራፍሬ
aduaba
ባለ ጎማ የእጅ ጋሪ
hwiili
FOR

ሉካንዳ ነጋዴ

baabi a yɛtɔn nam

መጋገርያ

baabi a yɛtɔn paano

ክብደት መመዘን

susu

ቅጠላ ቅጠል አትክልት

atosodeɛ

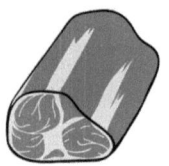

ስጋ

nam

የቀዘቀዘ/የረጋ ምግብ

frigyemu aduane

ቀዝቃዛ ቁራጭ

nam a adwoɔ

የታሸገ ምግብ

kyɛnsee mu aduane

የማጠቢያ ዱቄት

paoda samena

ፋጮች

adedɔkɔdɔkɔ

የቤት ዉስጥ ዉጤቶች

efie nneɛma

የ ዳት ምርቶች

adetɔneɛ a yɛde pepa fin

የሸያጭ ባለሙያ

nnipa a ɔtɔn adeɛ

የገንዘብ መመዝቢያ ማሽን

afidie a egye sika

የሒሳብ ሰራተኛ

ɔgyegye sika

የግዢ ዝርዝር

rataa a wodi rekɔ di dwa

ክፍት ሰዓታት

berɛ a wɔde bua

የ ስ ቦርሳ

sikabɔtɔ

ክሬዲት ካርድ

kaade a yɛde yi sika

ቦርሳ

baage

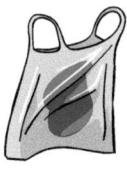

የፕላስቲክ ቦርሳ

rɔba baage

መጠጦች

nsa

ውሃ

nsuo

ጭማቂ

aduaba mu nsuo

ወተት

nufusuo

ኮካ-ኮላ

kok

ወይን

wain nsa

ቢራ

biya

አልኮል

mmorosa

ኮካ

kokoo

ሻይ

tii

ቡና

kofe

የተፈላ ቡና

espresso

ካፕቺኖ

kapukyino

ሙዝ

kwadu

ፖም

apol

ብርቱካን

ankaa

ሀብሀብ

melon

ሎሚ

akutoɔ

ካሮት

karɔt

ጭ ሽንኩርት

garlik

ሸምበቆ

pampro

ቀይ ሽንኩርት

gyeene

እንጉዳይ

mmere

ለዉዝ

nkateɛ

የህፃናት ምግብ

talia

ፓስታ

spageti

ሩዝ

ɛmo

ሰላጣ

salad

የድንች ጥብስ

kyipis

ድንች ጥብስ

abrɔdwomaa a y'akye

ፒዛ

pisa

ዳቦ ዉስጥ በስሱ ተጠብሶ የገባ ስጋ

hambɔga

ሳንድዊች

sanwekye

ጥሬ ስጋ

nam a dompe nnim

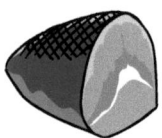

የአሳማ ስጋ

preko nam

በቅመምና በጨዉ የታሸ ምግብ ቀዝቅዞ የሚበላ ሾርባ ምግብ

nam a y'ahata

ቋሊማ

sɔsege

ዶሮ

akokɔ

ጥብስ

toto

አሳ

apataa

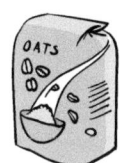

የአጃ ገንፎ
oosu koko

ከወተት ጋር ተደባልቀዉ የሚበሉ
ምግቦች
muesli

የበቆሎ ቅርፊት
konflese

ዱቄት
esam

ኩራሳ
krossant

ድብልብል ዳቦ
paano a y'abobɔ

ዳቦ
paano

መጥበስ
paano a y'atoto

ብስኩት
biskete

ቅቤ
bɔta

እርጎ
nufusuo a ada

ኬክ
keeke

እንቁላል
kosua

እንቁላል ጥብስ
kosua a y'akyeɛ

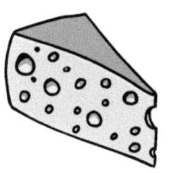

አይብ
kyiis

የበረዶ ክሬም

asskrim

ስኳር

asikyire

ማር

ɛwoɔ

ማርማላት

gyaam

የተናጠ የወተት ክሬም

kyokolete

ማጣፈጫ

kɔri

እርሻ

afuo

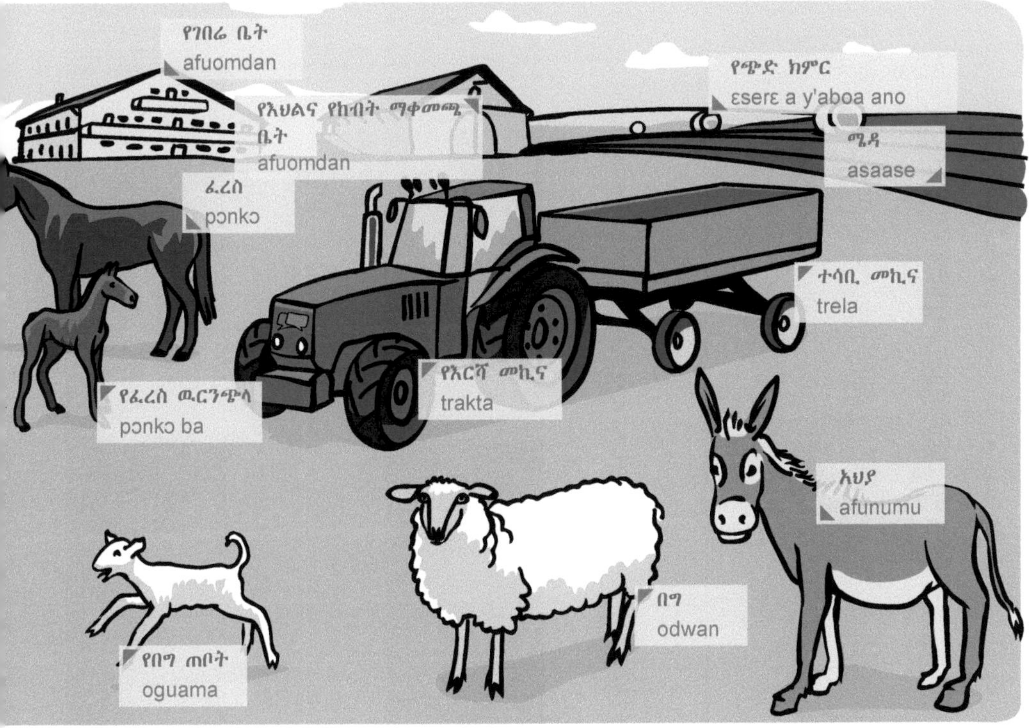

የገበሬ ቤት
afuomdan
የእህልና የከብት ማቀመጫ ቤት
afuomdan
ፈረስ
pɔnkɔ
የጭድ ክምር
ɛserɛ a y'aboa ano
ሜዳ
asaase
ተሳቢ መኪና
trela
የእርሻ መኪና
trakta
የፈረስ ዉርንጭላ
pɔnkɔ ba
አህያ
afunumu
በግ
odwan
የበግ ጠቦት
oguama

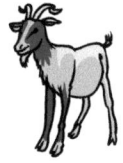

ፍየል

apɔnkye

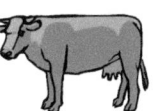

ላም

nantwie

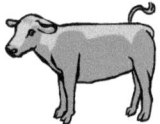

ጥጃ

nantwie ba

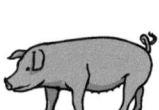

አሳማ

prɛko

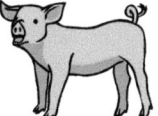

ግልገል አሳማ

prɛko ba

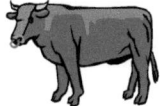

ኮርማ

nantwinini

ዝይ

dabodabo nua

ዳክዬ

dabodabo

የዶሮ ጫጩት

akokɔba

ዶሮ

akokɔbedeɛ

አዉራ ዶሮ

akokɔnini

አይጥ

kusie

ደድመት

ɔkra

አይጥ

akura

በሬ

nantwinini

ዉሻ

kraman

የዉሻ ቤት

kraman buo

የአትክልት ቦታ

afuom drobɛn

ዉሃ ማጠጫ ባልዲ

tontora a yɛde gu nsuo

ረጅም ማጭድ

sekan a yɛde twa aburo

ማረሻ

funtum dadeɛ

ማጭድ

kɔntɔnkrɔ

መኮትኮቻ

asɔ

የእህል መንሽ

afuom adinam

መጥረቢያ

akuma

ኩርኩር/ የእጅ ጋሪ

hweebaro

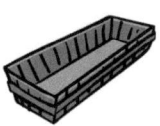

ገንዳ

adidika

የወተት ዕቃ

nufusuo konko

ጆንያ ከረጢት

bɔtɔ

አጥር

ɛban

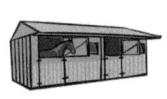

የፈረስ ጋጣ

pɔnkɔ dan

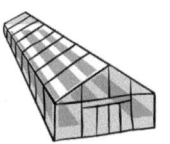

ዕፅዋት ማሳደጊያ የመስታዉት ቤት

ntomadan a yɛyɛ mu afuo

አፈር

anwea

ዘር

aba

የመሬት ማዳበሪያ

ɔyɛ asaaseyie

ጥምር ማረሻ

otwaberɛ trakta

አዝመራ መሰብሰብ

twa

አዝመራ

otwaberɛ

ድንች

bayerɛ

ስንዴ

ayuo

ሶያ

soya

ድንች

abrɔdwomaa

በቆሎ

aburo

የከብት መኖ

repu aba

የፍሬ ዛፍ

dua a ɛso aba

የካሳቫ ዛፍ

bankye

እህል

aburo asefoɔ

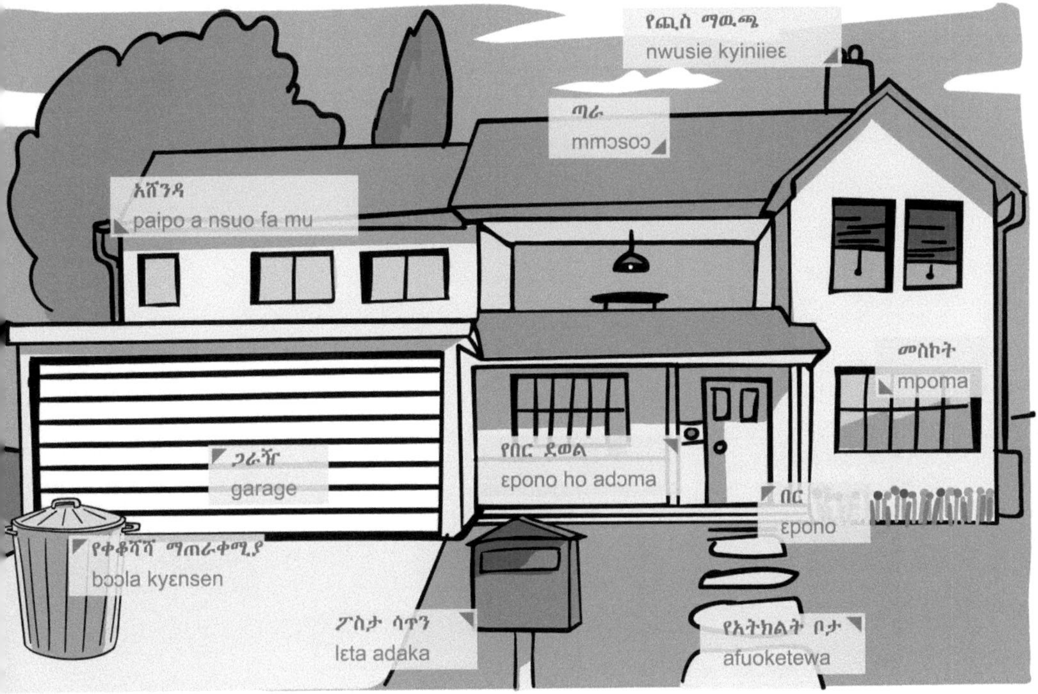

የጪስ ማዉጫ
nwusie kyiniieɛ
ጣራ
mmɔsoɔ
አሸንዳ
paipo a nsuo fa mu
መስኮት
mpoma
ጋራዥ
garage
የበር ደወል
ɛpono ho adɔma
በር
ɛpono
የቆሻሻ ማጠራቀሚያ
bɔɔla kyɛnsen
ፖስታ ሳጥን
lɛta adaka
የአትክልት ቦታ
afuoketewa

ሳሎን

asaso

መታጠቢያ ቤት

adwareɛ

ማድቤት

mukaase

መኝታ ቤት

pie mu

የልጅ ክፍል

nkwadaa dan mu

መመገቢያ ክፍል

dan a yɛdidi mu

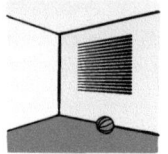

ወለል

....

ɛfam

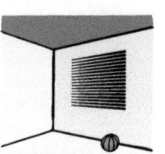

ግድግዳ

....

ɛban

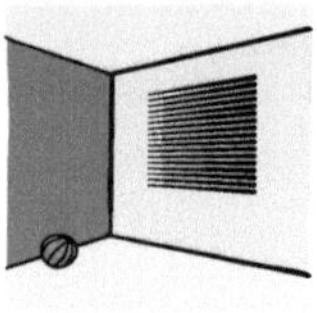

ጣሪያ

....

abruuso

ምድር ቤት

....

danbloo

በእንፋሎት ሙቀት መታጠቢያ ቤት

....

adwereɛ a ɛbɔ ɔhyew

ሰገነት

....

abranaa

ከፍ ያለ መደብ

....

abranaaso

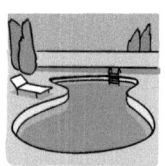

የመዋኛ ገንዳ

....

nsuo a yɛdware mu

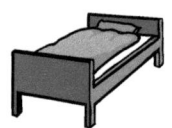

የማጨጃ መኪና

....

afidie a yɛde dɔ

አንሶላ

....

nsɛfam

የአልጋ ልብስ

....

ntoma a ɛse kɛtɛ so

አልጋ

....

mpa

መጥረጊያ

....

prayɛ

ባልዲ

....

bokiti

ማብሪያና ማጥፊያ

....

dane

ሳሎን

asaso

የግድግዳ ወረቀት
krataa a ɛfam dan ho
ፎቶ
nfonin
መብራት
kanea
መደርደሪያ
kɔbɔd
ቁም ሳጥን፣ ካቢኔ
kɔbɔd adaka
tiivi
የእሳት መሞቂያ
egya dabrɛ
አበባ
nhwiren
ትራስ
kuhyɛn
ሶፋ
akonwa kɛseɛ
የአበባ ማስቀመጫ
kukuo a nhwiren hye mu
ሪሞት ኮንትሮል
remote

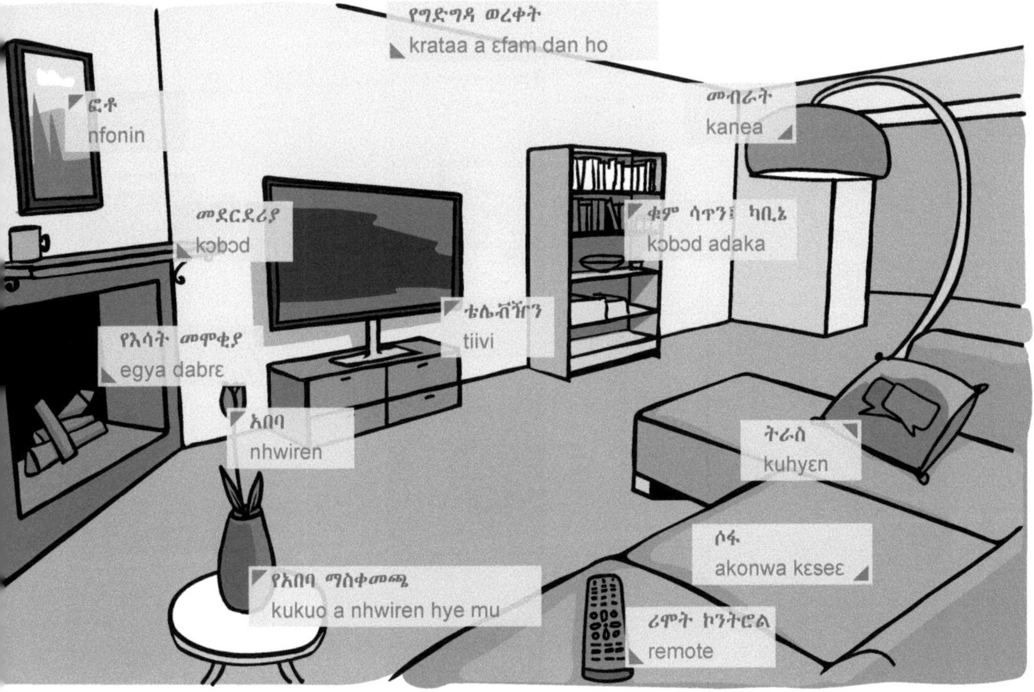

ንጣፍ

kapɛte

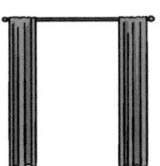

መጋረጃ

ntwaa dan mu

ጠረጴዛ

ɛpono

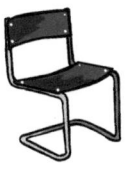

ወንበር

akonwa

ተወዛዋዥ ወንበር

akonwa a ehinhim

ባለመደገፊያ ወንበር

akonwa a yɛgyegye dan

መጽሐፍ

nwoma

ብርድ ልብስ

kuntu

ጌጥ

dan mu nsiesie

ማገዶ

egya

ፊልም

sini

የሙዚቃ መማጫወቻ

wailɛs

ቁልፍ

safoa

ጋዜጣ

koowaa krataa

ስዕል

nfonin a y'adwi

የተለጠፈ ማስታወቂያ እንደ ስዕል

nfam danho

ራዲዮ

radio

ማስታወሻ ደብተር

krataa a yɛ twere mu

የአየር ማፅጃ ለምንጣፍ

afidie a ɛprapra

ቁልቋል

kaktus

ሻማ

kyɛnere

ማድቤት
mukaase

ማቀዝቀዣ
frigye
ማይክሮዌቭ ምግብ ማብሰያ
maikrowave
የኩሽና መመዘኛ ሚዛን
ዳቦ መጥበሻ
tosta
ንፁህ ማድረጊ
samena
ምድጃ
foonoo
ማቀዝቀዣ
friza
የቀቆሻሻ ማጠራቀሚ
bɔɔla kyɛnsen
እቃ ማጠቢያ
afidie a ɛhohoro nkukuo mu

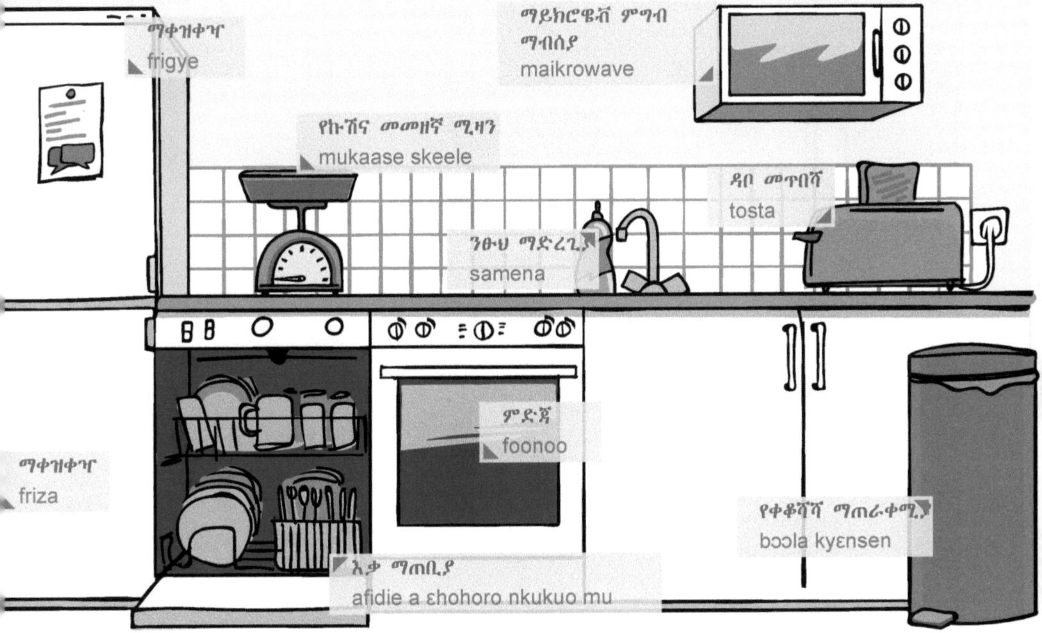

ምግብ አብሳይ

abɛɛfo bukyea

ማሰሮ

kokuo

የብረት ማሰሮ

dadesɛn

ምግብ ማብሰያ ዝርግ ድስት

wok / kadai

የምግብ መጥበሻ

kyɛnsee

ማንቆርቆሪያ

nsuo hyeɛ afidie

የእንፋሎት ማብሰያ

stiima

የመጋገሪያ ትሪ

apa a yɛ to so adeɛ

ሰብስቦች

prɛte, kuruwa, ntere ne nea ɛkeka ho

ትልቅ ኩባያ

kuruwa a etumi bɔ

ጎድጓዳ ሳህን

kyɛnsee

ቾፕስቲክስ

nnua a yɛde didi

ጭልፋ

kwantre

መሰቅሰቂያ ዝርግ ማንኪያ

dua atere

ማደባለቂያ

yɛde nu adeɛ mu

መወጠሪያ

sɔneɛ

ወንፊት

fefe

መፈርፈሪያ መሳሪያ

greta

ሲሚንቶ

waduro

የፍም ጥብስ

kyinkyinga

የተለቀቀ እሳት

bukyea

መክተፊያ

pono a yɛ twitwaso adeɛ

ተንሸራታች መርፌ

ɛta

የጠርሙስ መክፈቻ

deɛ yɛtu nsa so

ጣሳ

konko

የጣሳ መክፈቻ

deɛ yɛde bue konko so

የማሰሮ መሸፈኛ

yɛde sɔ kukuo mu

ሳህን ማጠቢያ

sink

ብሩሽ

brɔhye

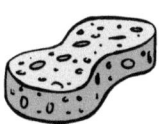

ስፖንጅ

sapɔ

መደባለቂያ መሳሪያ

aduane yam fidie

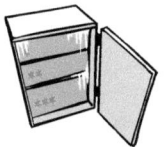

በጣም ማቀዝቀዣ

friza nini

ጡጦ

toa a abɔdoma nom ano

ቧንቧ

paipo

መታጠቢያ ቤት

adwareɛ

ማሞቂያ
ɔhyewbɔ
ፎጣ
bɔɔloba
መታጠቢያ
hyawa
የመታጠቢያ ቤት መጋረጃ
ntoma etwa hyawa mu
የአረፋ መታጠቢያ
ahuro a yɛdware mu
የመታጠቢያ ገንዳ
pan a yɛdware mu
ብርጭቆ
glase
የልብስ ማጠቢያ
afidie a esi nnɛma
ቧንቧ
paipo
ማዕዘን ወለል
tiailse
kuraba
ሳህን ማጠቢያ
sink

ሽንት ቤት

teɛfi

የሽንት ቤት መቀመጫ

teɛfi a yɛ koto so

ሳፋ

bidet teɛfi

የመንገድ ዳር መሽኛ

dwonsɔ dan

የሽንት ቤት ወረቀት

teɛfi so krataa

የሽንት ቤት ማፅጃ ብሩሽ

teɛfi so brɔhye

የጥርስ ብሩሽ

ɔhye a yɛde twitwiri see

የጥርስ ሳሙና

aduro a yɛde twitwiri see

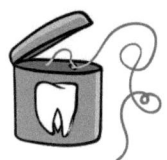

የጥርስ ማፅጃ ክር

yɛde yiyi ɛsee mu

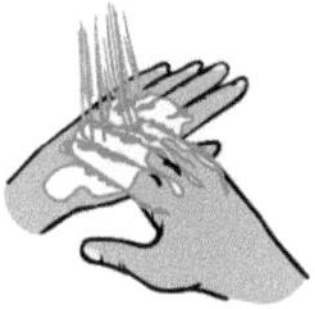

መታጠብ

si

የእጅ መታጠቢያ

hyawa a yɛsɔ mu

መታጠቢያ

paipo a yɛde hohoro ananmu

ጎድጓዳ ሳህን

bokiti

የጀርባ ብሩሽ

brɔhye a wode dware w'akyi

ሳሙና

samena

መታጠቢያ የሚዝለገለግ ሳሙና

hyawa samena

የፀጉር መታጠቢያ ሳሙና

nsuo samena

ለስላሳ ጨርቅ

flanɛl ntoma

ፍሳሽ

baabi a nsu fa pue

ክሬም

nku

ጠረን መቀየሪያ ንጥረ ነገር

yɛde fefa amotoamu

መስታወት

ahwehwɛ

የእጅ መስታወት

ahwehwɛ a yɛsɔ mu

ምላጭ

bled

የመላጫ አረፋ

ahuro a yɛde yi nwi

ከመላጨት በኋላ የሚቀባ ሽቱ

aduro a yɛde fefa baabi a
wo ayi nwi

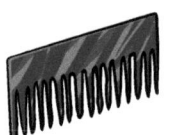

ማበጠሪያ

afen

ብሩሽ

brɔhye

የፀጉር ማድረቂያ

afidie a ɛwo nwi

በፀጉር ላይ የሚነፋ

enwi sopre

የፊት መቀባቢያ

pɔns

የከንፈር ቀለም

lipstike

የጥፍር ቀለም

penti a yɛde mɔreɛ so

የጥጥ ሱፍ

asaawa

ጥፍር መቁረጫ

apasoɔ a etwa mmɔreɛ

ሽቶ

aduhwam

ማጠቢያ ባልዲ

adwareɛ baage

መቀመጫ

edwa

ሚዛን

skele

የመታጠቢያ ልብስ

adwereɛ ataadeɛ

የላስቲክ ጓንት

rɔba a yɛde hyɛ nsa ho

ሞዴስ

tampon

የፅዳት ፎጣ

abɛɛfo amonsen

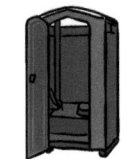

የሽንት ቤት ኬሚካል

teɛfi a aduro gum

የልጅ ክፍል

nkwadaa dan mu

የማንቂያ ደዉል ሰዐት
klɔk a ɛbɔ nkaeɛ
የህፃን አሻንጉሊት
kyoobi
የመጫወቻ
መኪና
toi kaa
ማንገጫገጫ
መጫወቻ
akasaa
የአሻንጉሊት ቤት
broniba dan
ስጦታ
seeseiara

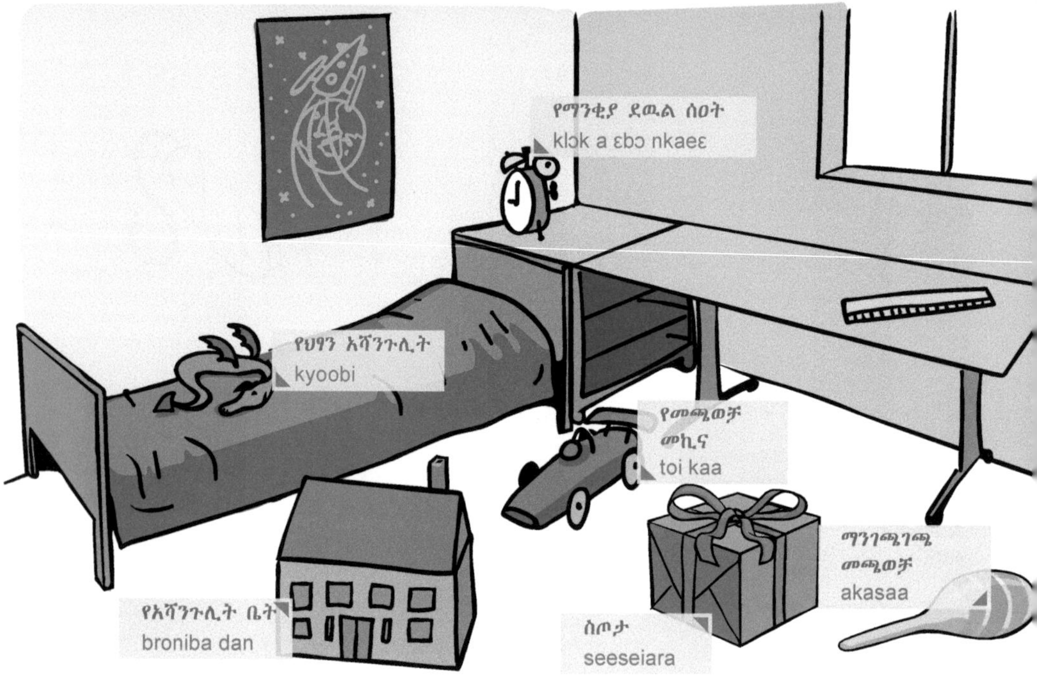

ፊኛ

baaluu

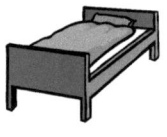

አልጋ

mpa

የህፃን ማንሸራሸሪያ ጋሪ

nkwadaa kaa

የካርታ መጫወቻ

sopaa

ቁርጥራጭ ምስሎችን የማገጣጠም
እና ምስል የማግኘት ጨዋታ

gyiksɔɔ

አዝናኝ

nsɛnkwa

ተገጣጣሚ መጫወቻ

lego blɔg

የመጫወቻ መገጣጠሚያዎች

blɔg a yɛde si dan

የድርጊት ምስል

nnipa ɔbɔhye

የህፃን እድገት

abɔdoma ataadeɛ

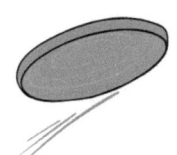

የፕላስቲክ መጫወቻ ዝርግ ሰሀን

frisbee

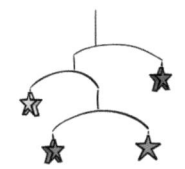

ተወዛዋዥ የህፃን ማጫወቻ

mobail

የሰሌዳ ጨዋታ

ponoso agodie

የመጫወቻ ጠጠር

daahye

የመጫወቻ ባቡር

nkwadaa keteke

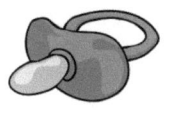

የእንጀራ እናት ጡጦ

koliko

ድግስ

apontoɔ

የስዕል መፅሀፍ

nfonin nwoma

ኳስ

bɔɔlo

አሻንጉሊት

broniba

መጫወት

di agorɔ

የአሸዋ መጫወቻ

anwea adaka

ዥዋዥዌ

adonko

መጫወቻዎች

tois

የቪዲዮ መጫወቻ

video agodie apaawa

ባለ ሶስት ጎማ ብስክሌት

sakre a ne nan meɛnsa

የአሻንጉሊት ድብ

kyoobi

ቁምሳጥን

wɔdropo

አልባሳት

ntaadeɛ

ካልሲዎች

sɔks

ስቶኪንጎች

stokens

ታይት

sekentait

የአንገት ልብስ
duku

ቀበቶ
bɛlɛte

ግንጥላ
kyinieɛ

ክናቴራ
t-hyɛɛt

ስኒከሮች
kamboo

ቡቲ
mpaboa

የቤት ዉስጥ ነጠላ ጫማ
kyalewate

ነጠላ ጫማዎች

asopatre

ጫማዎች

mpoboa

የዝናብ ቡትስ

rɔba mpaboa

ሙታንታ

ɛtam

ጡት መያዣ

bra

ሰደርያ

singlɛte

ሰዉነት

nipadua

ሱሪዎች

trɔsa

ጅንስ

gyins

ርድ ቀሚስ

sekɛɛt

ሸሚዝ

ɛsoro ataadeɛ

ሸሚዝ

hyɛɛte

የሚጠለቅ ሹራብ

nkatoho a ɛko awɔ

ሹራብ

hoodie

ዩኒፎርም ጃኬት

koot

ጃኬት

nkatasoɔ

ኮት

nkatasoɔ

የዝናብ ኮት

nsutɔ mu nkataho

ልብስ

dwumadie bi ho ataadeɛ

ቀሚስ

mmaa atadeɛ

የሙሽራ ቀሚስ

ayefrɔ ataadeɛ

ሱፍ

kootu

የለሊት ልብስ

mmaa ataadeɛ a yɛde da

የለሊት ልብስ

pigyamas ataadeɛ

ረጅም ቀሚስ

sari

ሂጃብ

duku

ጥምጣም

abotire

ቡርቃ

burka

ሸርጥ

kaftan

አባያ

nkramofoɔ mmaa atadeɛ

የዋና ልብስ

taadeɛ a yɛde dware nsuo

አጭር ቁምጣ

asenemu ataadeɛ

ቁምጣዎች

nika

የስራ ቱታ

agokansie ntaadeɛ

ሽርጥ

akatasoɔ

ጓንት

nsa nkataho

ቁልፍ

bɔtom

መነፅር

sopɛɛse

አምባር

ahwneɛ

የአንገት ሀብል

komadeɛ

ቀለበት

kawa

የጆሮ ጌጥ

asomadeɛ

ኮፍያ

ɛkyɛ

የኮት መስቀያ

yɛde koot sɛn so

ኮፍያ

ɛkyɛ

ክረቫት

abɔmene mu

ዚፕ

zip

የብረት ቆብ

ɛkyɛ denden

መደገፊያ

bresis

የትምህርት ቤት የደንብ ልብስ

sukuu ataadeɛ

የደንብ ልብስ

adwuma ataadeɛ

መሃረብ

mmɔfra bib

የእንጀራ እናት ጡጦ

koliko

ሽንት ጨርቅ

nkwadaa napken

ቢሮ

asoeɛ

ማስራጫ ጣቢያ
sɛɛva
የፋይል መደርደሪያ ካቢኔ
kabenɛt
የህትመት መሳሪያ
printa
ወረቀት
krataa
መቆጣጠሪያ
monita
Maws
መፃፊያ ጠረጴዛ
ɛpono a yɛyɛ so adwuma
ማህደር
nhyemu
የመፃፊ ቁልፎች
ntwerɛeɛ pono
ወረቀት መጣያ ቅርጫት
a yɛde krataa nwura gu mu
ኮምፒዉተር
komputa
ወንበር
akonwa

የቡና መጠጫ ትልቅ ኩባያ

kɔfe kuruwa

ማስሊያ ማሽን

akontabuo fidie

ኢንተርኔት

intanɛt

ላፕቶፕ

laptop

ደብዳቤ

lɛta

መልዕክት

nkratoɔ

ተንቀሳቃሽ ስልክ

mobail kasafidie

የግንኙነት አዉታር

nɛtwɛke

ማባዣ ማሽን

fotokɔpi

ሶፍትዌር

softwɛɛ

ስልክ

tetefon

የግድግዳ ሶኬት

sɔkɛt

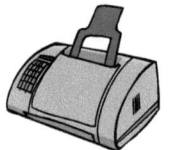

የፋክስ ማሽን

faks afidie

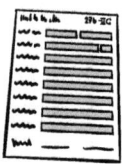

ቅፅ

katraa

ሰነድ

nkrataa

መግዛት

tɔ

መክፈል

tua

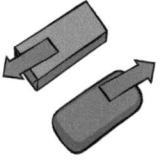

መነገድ

di dwa

ገንዘብ

sika

ዶላር

dollar

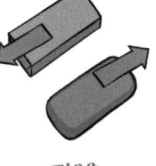

ዩሮ

euro

የን

yen

ሩብል

rubel

የስዊዝ ፍራንክ

Swiss franks

ሬንሚንቢ ዩዋን

renminbi yuan

ሩጲ

rupii

የገንዘብ ነጥብ

baabi yɛtua sika

የዉጭ ገንዘብ ምንዛሪ ቢሮ

baabi a yɛ sesa sika

ወርቅ

sika kɔkɔɔ

ብር

dwetɛ

ዘይት

now

ሀይል፤ ጉልበት

ahoɔden

ዋጋ

ne boɔ

ግንኙነት

kontragye

ቀረጥ

ɛtoɔ

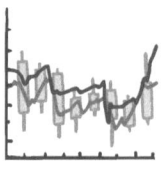

አክስዮን

stɔk

መስራት

adwuma

ተቀጣሪ

adwumayɛni

ቀጣሪ

adwumawura

ፋብሪካ

mfididwuma mu

ሱቅ

sotɔɔ

የፖሊስ አዛዥ
polisini
የእሳት አደጋ ሰራተኛ
odumgya adwumayɛni
ምግብ አብሳይ
kuku
ዶክተር
dɔkota
አብራሪ
obi a otwi wiemhyɛn

አትክልተኛ

ɔyɛ afuo

አናጢ

dua dwomfoɔ

ልብስ ሰፊ ሴት

adepani baa

ዳኛ

atɛnmuafoɔ

ቀማሚ

ɔtɔn nnuro

ተዋናይ

sini yɛfoɔ

የአዉቶቢስ ሹፌር

bɔs drɔba

የታክሲ ሹፌር

taisi drɔba

አሳ አጥማጅ

ɔpofoɔ

ፅዳት ሰራተኛ

ɔbaa a osiesie fie

የጣራ ሰራተኛ

ɔbɔdanso

አስተናጋጅ

ɔsom adidieɛ

አዳኝ

bɔmɔfoɔ

ሰዓሊ

penta

ጋጋሪ

ɔto paano

የኤሌትሪክ ሰራተኛ

ɔyɛ nkaneɛ ho adwuma

ገምቢ

ɔdansifoɔ

መሃንዲስ

inginia

ልኳንዳ

ɔdwa nam

የቧንቧ ሰራተኛ

plɔmba

የፖስታ ሰራተኛ

krataa manefoɔ

54 የስራ ሙያዎች - nwuma ahodoɔ

ወታደር

sogyani

መሃንዲስ

ɔdwi adan

የሒሳብ ሰራተኛ

ɔgyegye sika

አበባ ሻጭ

ɔtɔn nhwiren

የፀጉር ሰራተኛ

ɔyɛ tire

ቲኬት ቆራጭ

meeti

መካኒክ

fitani

ካፒቴን

nnipa a otwi suhyɛn

የጥርስ ሐኪም

ɛsee dɔkota

ተመራማሪ

abɔdeɛ mu nimdefoɔ

መምህር

rabi

የሙስሊም ሃይማኖታዊ መሪ

kramo panin

መነኩሴ

ɔsɔfo

ካህን

osɔfo

መሳሪያዎች

anwenade

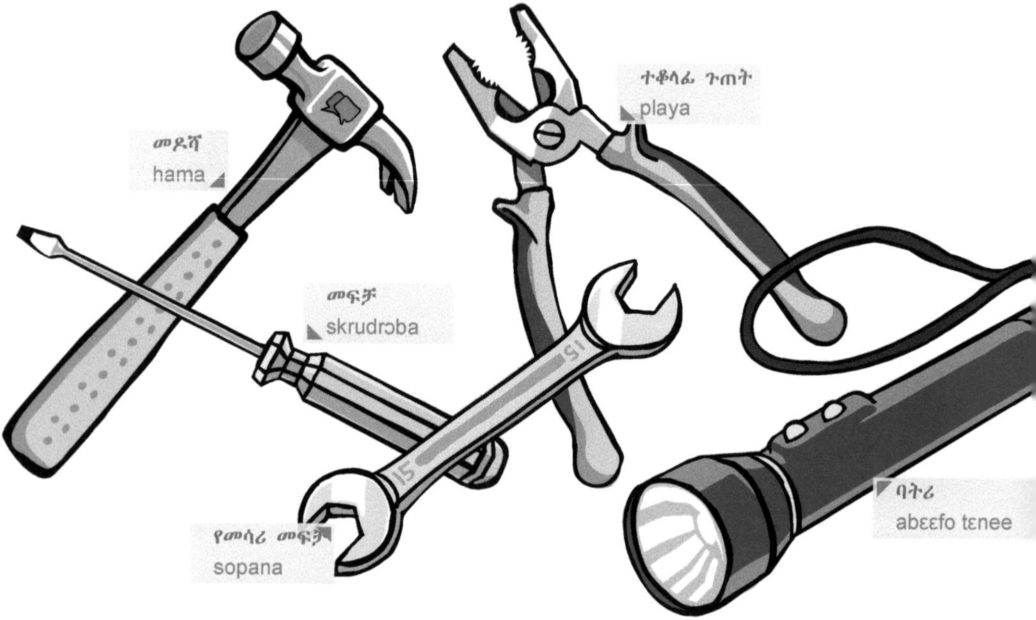

መዶሻ
hama
ተቆላፊ ጉጠት
playa
መፍቻ
skrudrɔba
sopana
ባትሪ
abɛɛfo tɛnee

በቁፋሮ የሚዝቅ

otu amena

የመፍቻ ሳጥን

anwenade adaka

መሰላል

atwedeɛ

መጋዝ

asradaa

ምስማር

nnadewa

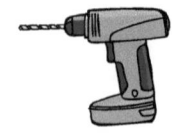

መሰርሰሪያ

afidie a yɛde bɔne tokro

መጠገን

siesie

አካፋ

sofi

የተረገመ!

Ebei!

ቆሻሻ ማፈሻ

asanwura

የቀለም ቆርቆሮ

penti kukuo

ብሎን

skruu

የሙዚቃ መሳሪያዎች

nneɛma a yɛde bɔ nwom

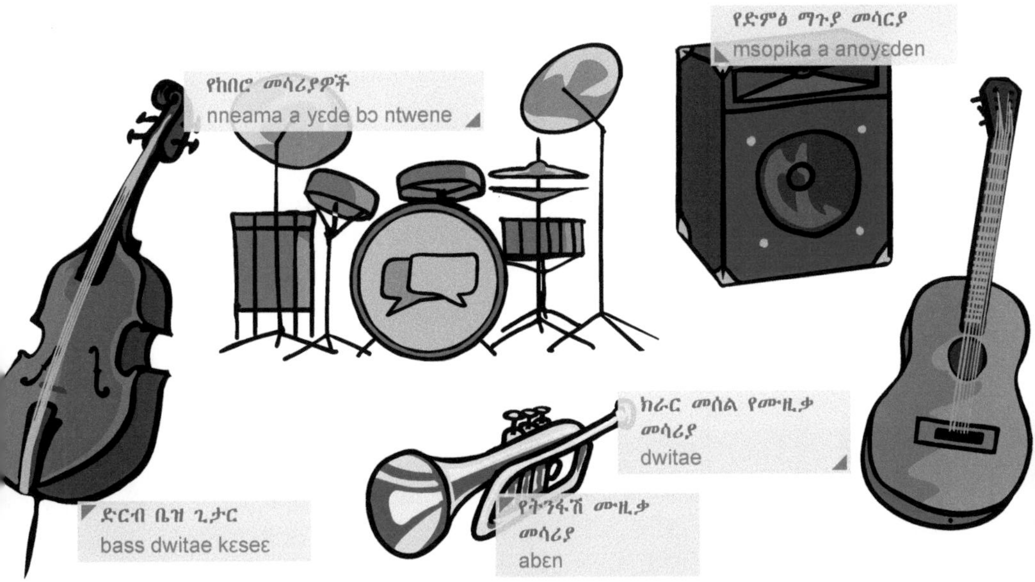

የድምፅ ማጉያ መሳርያ
msopika a anoyɛden
የከበሮ መሳሪያዎች
nneama a yɛde bɔ ntwene
ክራር መሰል የሙዚቃ መሳሪያ
dwitae
ድርብ ቤዝ ጊታር
bass dwitae kɛseɛ
የትንፋሽ ሙዚቃ መሳሪያ
abɛn

የሙዚቃ መሳሪያዎች - nneɛma a yɛde bɔ nwom 57

ፒያኖ

sankuo

ቫዮሊን

ahoma sankuo

ወፍራም፤ ጎርናና ድምፅ ያለዉ ክራር መሰል ሙዚቃ መሳሪያ

bass dwitae

ነጋሪት

atumpan

ከበሮ

ntwene

በኤሌክትሪክ የሚሰራ ፒኖ

ntwerɛɛɛ apa

የትንፋሽ ሙዚቃ መሳሪያ

saksofon

ዋሽንት

atentenbɛn

የድምፅ ማጉያ

maikrofon

የደር እንስሳት ማቆያ

ZOO

ነብር
sɛbɔ
መግቢያ
ɛpono ano
ሳጥን
mmoa dan
የሜዳ አህያ
zebra
የእንስሳ ምግብ
mmoa aduane
ትልቅ ድብ
panda

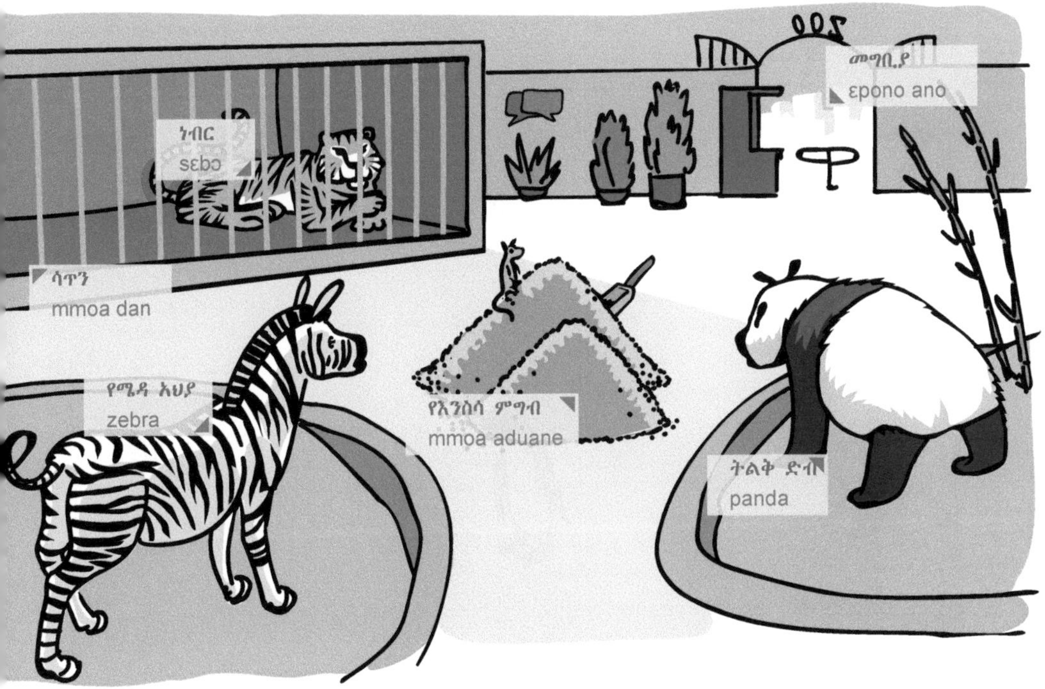

እንስሳቶች

mmoa

ዝሆን

ɔsono

ካንጋሮ

kangaru

አዉራሪስ

raino

ትልቅ ዝንጀሮ

akatea

ድብ

sisire

ግመል

afunupɔnkɔ

ሰጎን

sohori

አንበሳ

gyata

ጦጣ

adwee

ቅልጥመ ረዥም ወፍ

flamingo

በቀቀን

ako

የወዋልታ ድብ

awɔ mu sisire

የዋልታ ወፎች

penguin

ረጅም ጥርሶች ያሉትአሳ ነባሪ

oboodede

ጣዎስ

akɔkonini abankwa

እባብ

wɔwɔ

አዞ

dɛnkyɛm

የዱር አራዊት የሚጠበቁበት
ማቆያን የሚጠብቅ

nnipa ɛhwɛ zoo so

አሳ በሊታ የባህር እንስሳ

nsuo mu gyata

የዱር ድመት

sebɔ

ድንክ ፈረስ

....

pɔnkɔ ba

ነብር

....

etwie

ጉማሬ

....

susuono

ቀጭኔ

....

kɔntenten

ንስር

....

ɔkɔdeɛ

ከርከሮ

....

kɔkɔte

አሳ

....

apataa

የባህር ኤሊ

....

sudandan

የባህር አዉሬ

....

walrus

ቀበሮ

....

sakraman

የሜዳ ፍየል፤ ሚዳቋ

....

ɔtwee

የስፖርት አይነቶች

agokansie

የአሜሪካ እግርኳስ
Amerikafoɔ futbɔɔlo
የብስክሌት ስፖርት
skre twie
ቴኒስ
tennis
የቅርጫት ኳስ
basketbɔɔlo
ዋና
nsuom adwareɛ
የቡጢ ስፖርት
akutruku
የበረዶ ላይ የገና ጨዋታ
asukɔkyea so hɔki

እግር ኳስ

futbɔl

የላበ ኳስ ጨዋታ

badmintin

አትሌቲክስ

mirikatuo

የእጅ ኳስ ስፖርት

bɔɔlo a yɛde nsa bɔ

የበረዶ መንሸራተት ስፖርት

skii

ፈረስ ግልቢያ

polo

እንቅስቃሴዎች
nwumadie

መዝለል
huri
ማቀፍ
bam
መሳቅ
sere
መራመድ
nante
መዘመር
to dwom
ህልም ማለም
so daeɛ
መፀለይ
bɔ mpaeɛ
መሳም
fe ano

መፃፍ

twerɛ

መሳል

dwi

ማሳየት

kyerɛ

መግፋት

pia

መስጠት

ma

መዉሰድ

fa

መያዝ

nya

ማድረግ

yɛ

መሆን

yɛ

መቆም

gyina

መሮጥ

tu mirika

መሳብ

twe

መወርወር

to

መዉደቅ

tɔ fam

መዋሸት

da hɔ

መጠበቅ

twɛn

መሸከም

soa

መቀመጥ

tenase

መልበስ

hyɛ ataadeɛ

መተኛት

da

መንቃት

nyane

መመልከት
....
hwɛ

ማለልቀስ
....
su

መጫር
....
san ho

ማበጠር
....
nunum

ማዉራት
....
kasa

መረዳት
....
te aseɛ

ጥያቄ
....
bisa

ማዳመጥ
....
tie

መጠጣት
....
nom

መብላት
....
didi

ማንፃት
....
yɛ nsiesie

ማፍቀር
....
ɔdɔ

ምግብ ማብሰል
....
noa

መንዳት
....
twi

መብረር
....
tu

መርከብ መንዳት

fa nsuo so

ቁጥሮችን ማስላት

sese

ማንበብ

kenkan

መማር

sua

መስራት

adwuma

ማግባት

ware

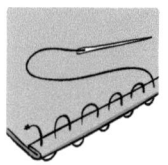

መስፋት

pam

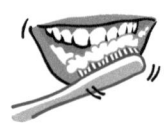

ጥርስ መቦረሽ

twitwiri wo se

መግደል

kum

ማጨስ

nom gyɔt

መላክ

mane

ቤተሰብ
abusua

የሴት አያት
nana baa
የወንድ አያት
nana barima
papa
እናት
maame
abɔdoma
ሴት ልጅ
ba baa
ወንድ ልጅ
ba barima

እንግዳ
....
ɔhɔhoɔ

አክስት
....
sewaa

አጎት
....
wɔfa

ወንድም
....
nua barima

እህት
....
nua baa

አካል

nipadua

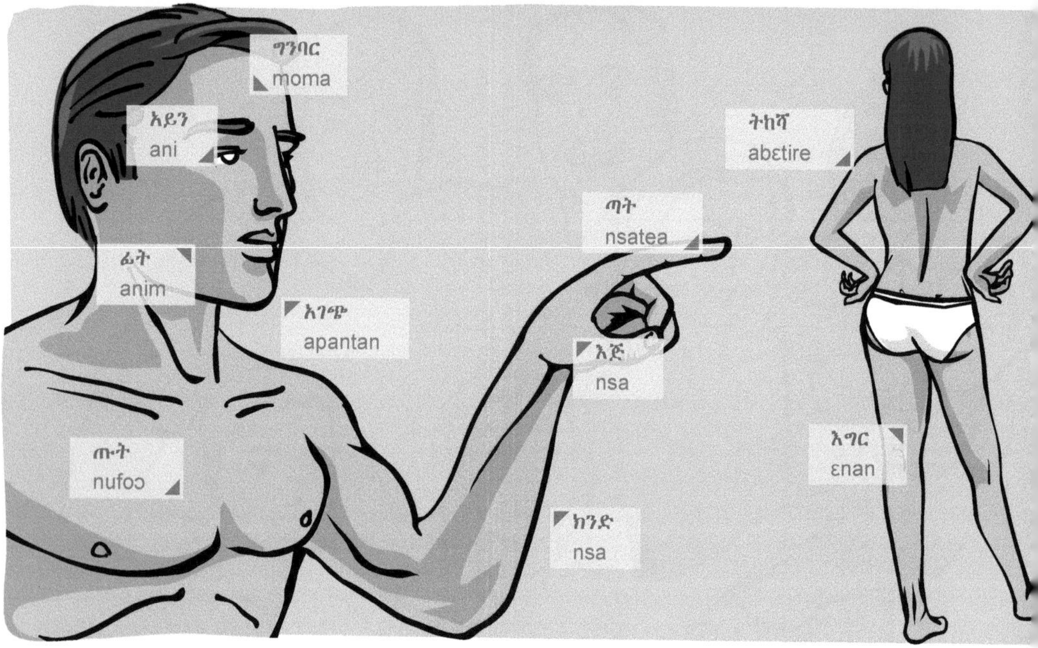

ግንባር
moma
አይን
ani
ትከሻ
abɛtire
ጣት
nsatea
ፊት
anim
አገጭ
apantan
እጅ
nsa
ጡት
nufoɔ
እግር
ɛnan
ክንድ
nsa

ህፃን

abɔdoma

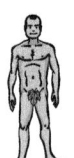

ሰዉ

barima

ሴት

ɔbaa

ልጃገረድ

abayewa

ወንድ ልጅ

abarimawa

ራስ

etire

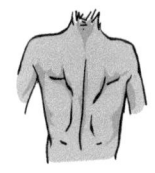

ጀርባ

akyi

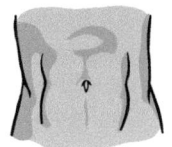

ሆድ

afro

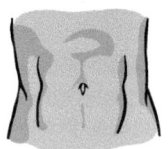

እምብርት

fruma

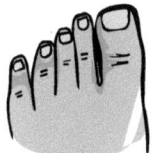

የእግር ጣት

nansoa

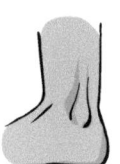

ተረከዝ

nantini

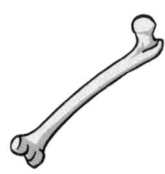

አጥንት

dompe

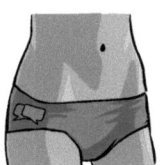

ዳሌ

ataasoɔ

ጉልበት

kotodwe

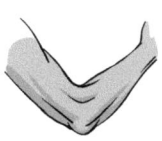

ክርን

abatwɛ

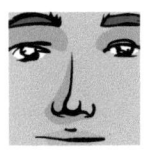

አፍንጫ

ɛhwene

ቂጥ

ɛtoɔ

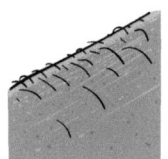

ቆዳ

wedeɛ

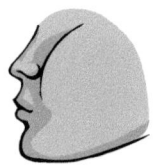

ጉንጭ

afono

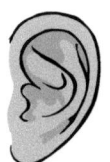

ጆሮ

aso

ከንፈር

ano

አፍ

anom

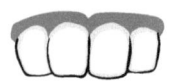

ጥርስ

ɛsee

ምላስ

tɛkyerɛma

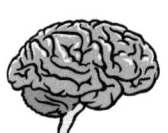

አንጎል

adwene

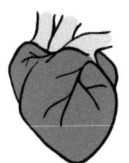

ልብ

akoma

ጡንቻ

ntini

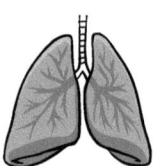

ሳምባ

aharawa

ጉበት

brɛboɔ

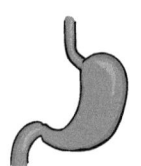

ሆድ

yafunu

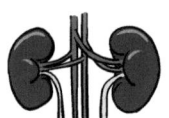

ኩላሊቶች

asaa

የግብረስጋ ግንኙነት

nna

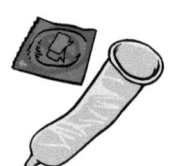

ኮንዶም

kɔndɔm

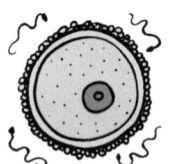

የሴት እንቁላል

ɔbaa n̄kosua

የዘር ፈሳሽ

barima ho nsuo

እርግዝና

nyinsɛn

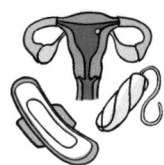

የወር አበባ

nsabuo

እምስ

ɛtwɛ

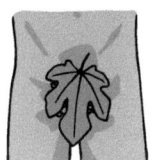

ቁላ

kɔteɛ

ቅንድብ

anintɔn

ፀጉር

enwin

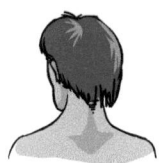

አንገት

ɛkɔn

ሆስፒታል

ayaresabea

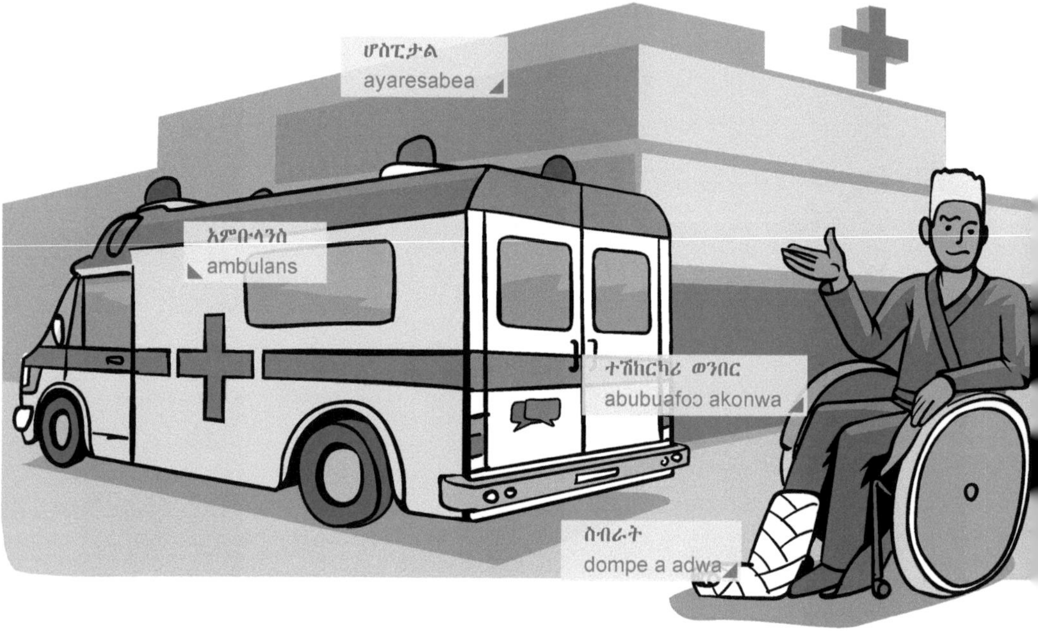

ሆስፒታል
ayaresabea
አምቡላንስ
ambulans
ተሽከርካሪ ወንበር
abubuafoɔ akonwa
ስብራት
dompe a adwa

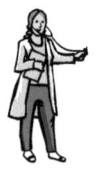

ዶክተር

dɔkota

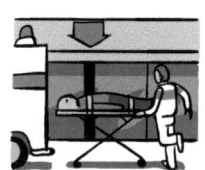

ድንገተኛ ክፍል

ɛdan a wɔde putupru nsɛm kɔmu

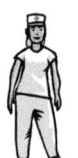

ነርስ

nɛɛse

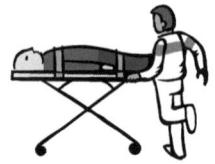

ድንገተኛ

putupru

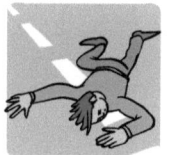

ራስን መሳት/ አለማወቅ

wɔ atwa ahwe

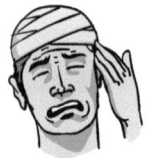

ህመም

yea

ጉዳት

epira

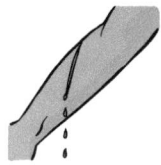

መድማት

mogyatuo

የልብ ድካም

akoma yarenini

ስትሮክ

stroke yareɛ

አለርጂ

allegyi

ሳል

ɛwa

ትኩሳት

ahoɔhyeɛ

ኢንፍሎዌንዛ

papu

ተቅማጥ

ayamtuo

የራስ ምታት

tipaeɛ

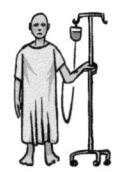

ካንሰር

kokoram

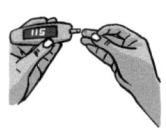

የስኳር በሽታ

asikyire yareɛ

ቀዶ ጠጋኝ ሐኪም

dɔkota a ɛyɛ oprehyɛn

የቀዶ ጥገና ስለት

skapɛl sekan

ቀዶ ጥገና

aprehyɛn

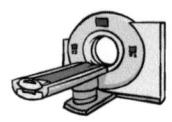

ሲቲ

CT

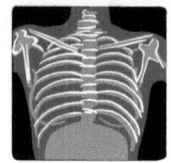

ኤክስሬዩ

x-ray

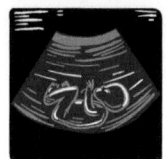

አልትራሳዉንድ

ultrasound

የፊት ጭምብል

nkatanim

በሽታ

yareɛ

መጠበቂያ ክፍል

ɛdan a wɔ twɛn mu

ምርኩዝ

krɔhyes

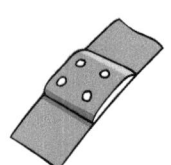

የቁስል ማሸጊያ

plasta

ፋሻ

banege

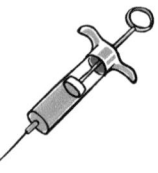

መርፌ

paneɛ

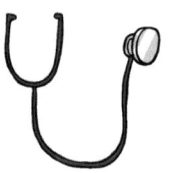

የልብ ምት ማዳመጫ መሳሪያ

Stetoskop

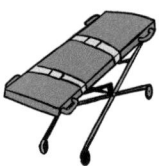

የበሽተኛ አልጋ

ahomankaa

የህክምና ሙቀት መለኪያ መሳሪያ

afidie a esusu ahoɔhyeɛ

መውለድ

awoɔ

ከልክ ያለፈ ክብደት

kɛseɛ mmorosoɔ

ለመስማት የሚረዳ መሳሪያ

afidie a ɛboa asɛmtie

ፀረ ተባይ መድሀኒት

aduro a ekum mmoawa

ማመርቀዝ

yareɛ a mmoawa deba

ቫይረስ

vaarɔs

ኤች አይቪ ኤድስ

HIV / AIDS

ህክምና

aduro

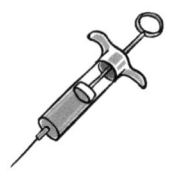

ክትባት

aduro a esi yareɛ ano

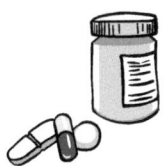

ኪኒን

aduro tablɛte

ኪኒን

topaeɛ

አስቸኳይ የስልክ ጥሪ

ɔfrɛ wɔ putupru so

ደም ግፊት መቆጣጠሪያ

afidie a esusu mogya mmrosoɔ

ህመም/ ጤንነት

yareɛ / apomuden

ድንገተኛ

putupru

እርዳታ!

Boa me!

ማንቂያ ደዉል

kɔkɔbɔ

ጥቃት

ɛborɔ

ድብደባ

ato ahyɛ obi so

አደጋ

ɛyɛ hu

የድንገተኛ መዉጫ

baabi a yɛfa de pue putupru so

እሳት!

Ogya!

እሳት ማጥፊያ

afidie a yɛde dumgya

አደጋ

nkwanhyia

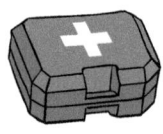

የመጀመሪያ እርዳታ መድሃኒት መያዣ

nneɛma yɛde sɔ yareɛ ano

ነፍስ አድን

SOS

ፖሊስ

polisi

አዉሮፓ

Yuropo

ሰሜን አሜሪካ

Amerika atifi

ደቡብ አሜሪካ

Amerika ananfoɔ

አፍሪካ

Abiberm

እስያ

Asia

አዉስትራሊያ

Australia

አትላንቲክ

Atlantik

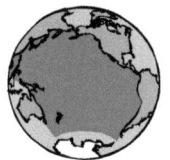

ፓስፊክ

Pasifek

የህንድ ዉቅያኖስ

India po kɛseɛ

አንታርክቲክ ዉቅያኖስ

Antaatek po keseɛ

አርክቲክ ዉቅያኖስ

Aatek po kɛseɛ

ሰሜን ዋልታ

Ewiase atifi

ደቡብ ዋልታ

Ewiase anaafoɔ

አንታርክቲካ

Antaatek

ምድር

Ewiase

መሬት

asaase

ባህር

ɛpo

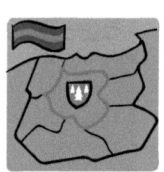

ደሴት

supɔ

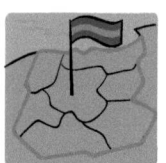

አገርና ህዝብ

ɔman

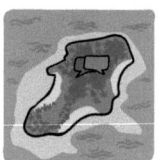

መንግስት

ɔman

ሰዓት
klɔko

የሰዓት ገፅታ

klɔko no anim

ሰዓት

dɔnhwere nsa no

ደቂቃ

sima nsa

ሴኮንድ

anitɛtɛ nsa no

ስንት ሰዓት ነው?

Abɔ sɛn?

ቀን

da

ጊዜ

berɛ

አሁን

seeseiara

የቁጥር ሰዐት

wkye a nɔma wɔ so

ደቂቃ

sima

ሰዓታት

dɔnhwere

ምንት

nnawɔtwe

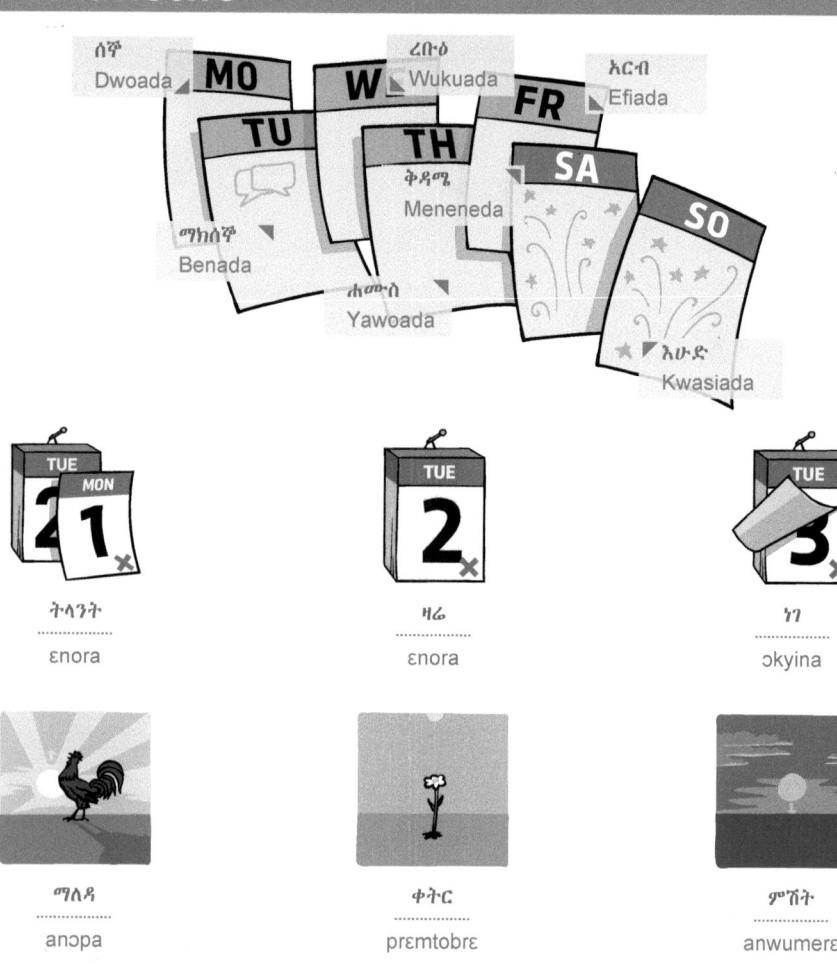

MO
TU
W
TH
FR
SA
SO

ሰኞ
Dwoada

ረቡዕ
Wukuada

አርብ
Efiada

ቅዳሜ
Meneneda

ማክሰኞ
Benada

ሐሙስ
Yawoada

እሁድ
Kwasiada

ትላንት
....
ɛnora

ዛሬ
....
ɛnora

ነገ
....
ɔkyina

ማለዳ
....
anɔpa

ቀትር
....
prɛmtobrɛ

ምሽት
....
anwumerɛ

የስራ ቀናት
....
adwuma nna

የዕረፍት ቀናት
....
nnawɔtwe awieɛ

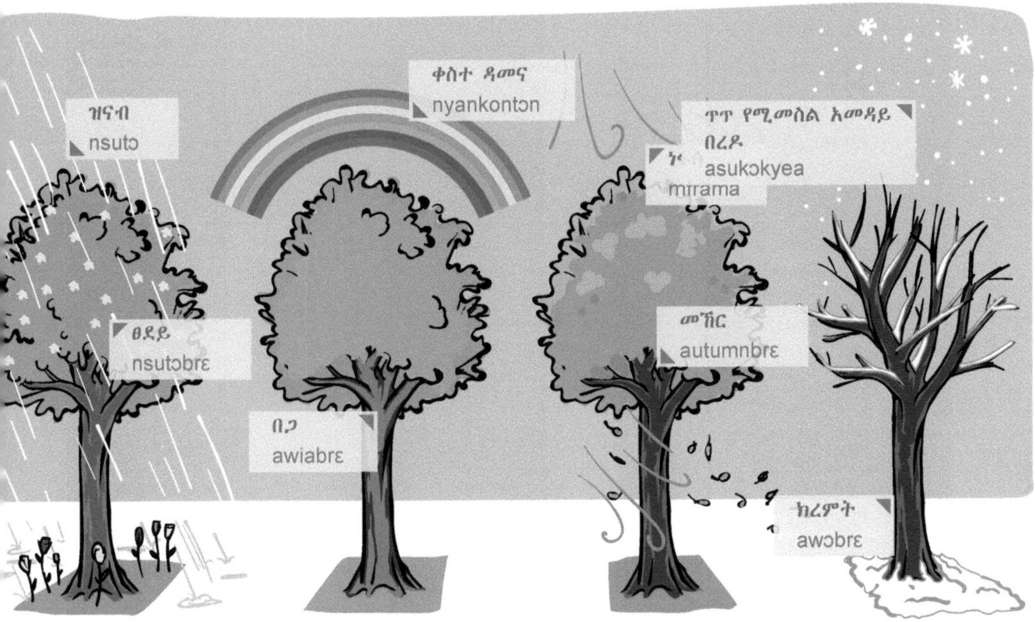

ዝናብ
nsutɔ

ቀስተ ዳመና
nyankontɔn

ጥጥ የሚመስል አመዳይ በረዶ
asukɔkyea

ንፋስ
mɪrama

ፀደይ
nsutɔbrɛ

መኸር
autumnbrɛ

በጋ
awiabrɛ

ክረምት
awɔbrɛ

4.APRIL	11°	☀
5.APRIL	4°	☁
6.APRIL	13°	☁
7.APRIL	8°	☀
8.APRIL	10°	☀

የአየር ሁኔታ ትንበያ
ewiem nsakrɛeɛ

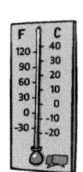
የሙቀት መለኪያ
afidie a esusu ade ho hyeɛ

የፀሀይ ሙቀት
awiabɔ

ደመና
munukum

ጭጋግ
ɛbɔ

እርጥበታማነት
ewiem nsuo

መብረቅ

ayerɛmo

ነጎድጓድ

apranaa

አዉሎ ንፋስ

ehum

የበረዶ ዝናብ

asukɔkyea

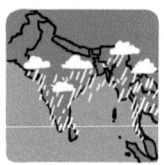

አዉሎ ንፋስ

monsoonbrɛ

ጎርፍ

nsuyiri

በረዶ

aise

ጥር

ɔpɛpɔn

የካቲት

ɔgyefoɔ

መጋቢት

ɔbɛnem

ሚያዚያ

Oforisuo

ግንቦት

Kotonimaa

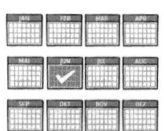

ሰኔ

Ayɛwohomumu

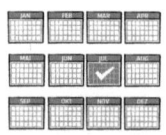

ሐምሌ

Kitawonsa

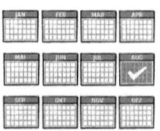

ነሀሴ

ɔsanaa

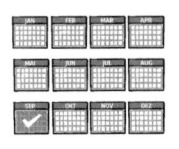

መስከረም

ɛbɔ

ቅምት

Ahinime

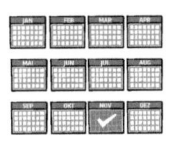

ዳር

Obubuo

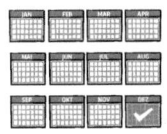

ታ ሳስ

ɔpɛnimaa

ርፆች

abosuo

ክብ

kanko

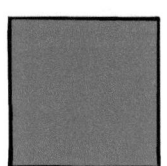

አራት ማዕዘን

sokwɛɛ

አራት ቀ ተኛ ማዕዘኖች ጎኖች ያሉት ቅርፅ

rɛktangel

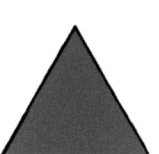

ሶስት ማዕዘን

triangel

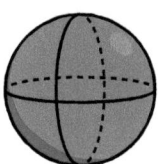

ሉል

krukruwa

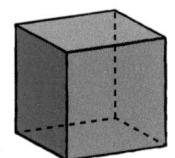

ስድስት ጎን ያለዉ ቅርፅ

adaka

ቀለማት

ahosoɔ

ነጭ

fitaa

ቢጫ

akokɔ sradeɛ

ብርቱካናማ

ankaa

ሮዝ

pink

ቀይ

kɔkɔɔ

ወይን ጠጅ

pɛpol

ሰማያዊ

bruu

አረንጓዴ

ahaban mono

ቡኒ

braun

ግራጫ

nson

ጥቁር

tuntum

ብዙ/ ጥቂት

pii / ketewa

ንዴት/ እርጋታ

wo boafu / wɔ adwo

ቆንጆ/ አስቀያሚ

ɛyɛ fɛ / ɛyɛ tan

ጅማሬ/ ፍፃሜ

ahyɛseɛ / awieɛ

ትልቅ/ ትንሽ

kɛseɛ / esua

ደማቅ/ ደብዛዛ

ɛha / esum

ወንድም/ እህት

nuabarima / nuabaa

ንፁህ/ ቆሻሻ

ɛho te / ayɛ fin

የተሟላ/ ያልተሟላ

awie / enwieɛ

ቀን/ ምሽት

awia / anadwo

የሞተ/ ህያዉ

awu / ɛte ase

ሰፊ/ ጠባብ

emubae / ɛyɛ tea

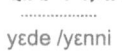

የሚበላ/ የማይበላ

yɛde /yɛnni

ክፉ/ ደግ

bɔne / tema

ደስተኛ/ ድብርተኛ

wɔ aniagye / wɔ ani nka

ወፍራም/ ቀጭን

ɔso / teatea

መጀመርያ/ መጨረሻ

edikan / etwatoɔ

ጓደኛ/ ጠላት

adamfoɔ / atamfo

ሙሉ/ ጎዶሎ

ayɛ mma / hwee nim

ጠንካራ/ ለስላሳ

ɛdenden / mmerɛ mmerɛ

ከባድ/ ቀላል

ɛyɛ duru / ɛyɛ ha

ረሃብ/ ጥማት

ɛkɔm / nsukɔm

ህመም/ ጤንነት

yareɛ / apomuden

ህገወጥ/ ህጋዊ

etia mmara / ɛwɔ mmara mu

ጎበዝ/ ደደብ

nyansa / gyimi

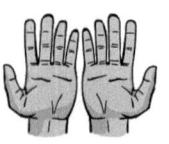

ግራ/ ቀኝ

benkum / nifa

ቅርብ/ ሩቅ

ɛbɛn / akyire

አዲስ/ አሮጌ

foforɔ / dada

ምንም/ የሆነ ነገር

hwee / biribi

ሽማግሌ/ ወጣት

wɔ anyini/ ɔsua

የበራ/ የጠፋ

sɔ /dum

ክፍት/ ዝግ

bue / tom

ፀጥታ/ ጫጫታ

dinn / dede

ሃብታም/ ደሃ

ɔdefoɔ / ohia

ትክክለኛ/ የተሳሳተ

nifa / benkum

ሻካራ/ ለስላሳ

werewerɛwerewerɛ / trontron

ሐዘን/ ደስታ

awerɛhoɔ / anigyeɛ

አጭር/ ረዥም

tietia / tenten

ዝግተኛ/ ፈጣን

nyaa / ntɛm

እርጥብ/ ደረቅ

afɔ / awɔ

ሞቃት/ ቀዝቃዛ

dedɛɛdeɛɛ / adwo

ጦርነት/ ሰላም

akoo / asomdweɛ

ቁጥሮች

nɔma

0

ዜሮ

hwee

1

አንድ

baako

2

ሁለት

mienu

3

ሶስት

meɛnsa

4

አራት

ɛnan

5

አምስት

enum

6

ስድስት

nsia

7

ሰባት

nson

8

ስምንት

nwɔtwe

9

ዘጠኝ

nkron

10

አስር

edu

11

አስራ አንድ

du-baako

12

አስራ ሁለት

du-mienu

13

አስራ ሶስት

du-meɛnsa

14

አስራ አራት

du-nan

15

አስራ አምስት

du-num

16

አስራ ስድስት

du-nsia

17

አስራ ሰባት

de-nson

18

አስራ ሰስም ት

du-nwɔtwe

19

አስራ ጠኝ

du-nkron

20

ሃያ

aduonu

100

መቶ

ɔha

1.000

ህ

apem

1.000.000

ሊዮ

ɔpepem

ቋንቋዎች

kasa ahodoɔ

እንግሊዝኛ

Brɔfo

የአሜሪካ እንግሊዝኛ

Amerikafoɔ Brɔfo

የቻይና ማንዳሪን

Chainfoɔ Mandarin

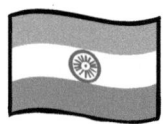

ሂንዱ

Hindi

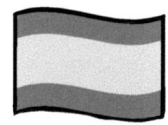

ስፓኒሽ

Spainfoɔ kasa

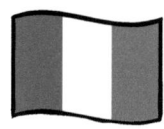

ፍሬንች

French kasa

አረብኛ

Arabia kasa

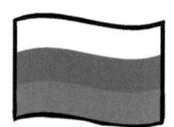

ራሺያኛ

Russianfoɔ kasa

ፖርቹጊዝ

Portugalfoɔ kasa

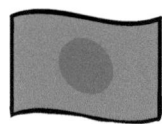

ቤንጋሊ

Bengali

ጀርመን

Germanfoɔ kasa

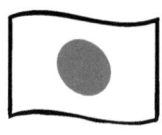

ጃፓንኛ

Japanfoɔ kasa

hwan / deɛ bɛn / ɛyɛ deɛn

እኔ

Me

አንተ

wo

እሱ/ እርሷ/ እቃዉ

ono

እኛ

yɛn

አንተ

wo

እነርሱ

ɔmmo

ማን?

hwan?

ምን?

deɛ bɛn?

እንዴት?

ɛyɛ deɛn?

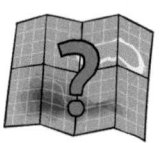

የት?

ehen?

መቼ?

dabɛn?

ስም

edin

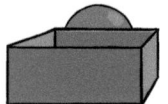

የት

εhen

በስተጀርባ

akyire

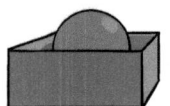

ስጥ

emu

ፊት ለፊት

anim

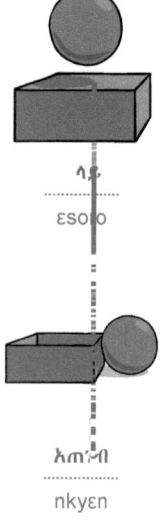

ላይ

εsoro

ላይ

εso

ስር

aseε

አጠገብ

nkyεn

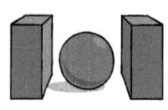

መሃ ል

ntεm

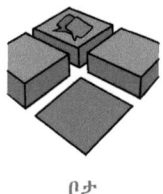

ቦታ

beaε